Mein unglaubliches Ameisenbären Wissen

Coole Fakten
für pfiffige Forscher

von Andra Wolter

Bibliografische Information der Deutschen Nationalbibliothek: Die Deutsche Nationalbibliothek verzeichnet diese Publikation in der Deutschen Nationalbibliografie; detaillierte bibliografische Daten sind im Internet über dnb.dnb.de abrufbar.

© 2025 Andra Wolter
Verlag: BoD · Books on Demand GmbH, In de Tarpen 42, 22848 Norderstedt, bod@bod.de
Druck: Libri Plureos GmbH, Friedensallee 273, 22763 Hamburg
ISBN: 978-3-8391-3973-8
Text und Illustration Andrea Walter
Kinderbuch.byandra@gmail.com
www.kinderbuch-byandra.de
1.Ausgabe, Februar 2025

Inhaltsverzeichnis

Alles, was Du über Ameisenbären wissen solltest:

Aussehen und Körperbau:

Hallo, Forscher! Lasst uns den Ameisenbären kennenlernen. Er ist ein besonderes Tier und sieht wirklich lustig aus! Der Ameisenbär hat viele tolle Sachen an seinem Körper, Er ist wie ein lustiges Puzzle aus verschiedenen Tieren. Aber genau so ist er perfekt, um Ameisen zu fangen und zu fressen!

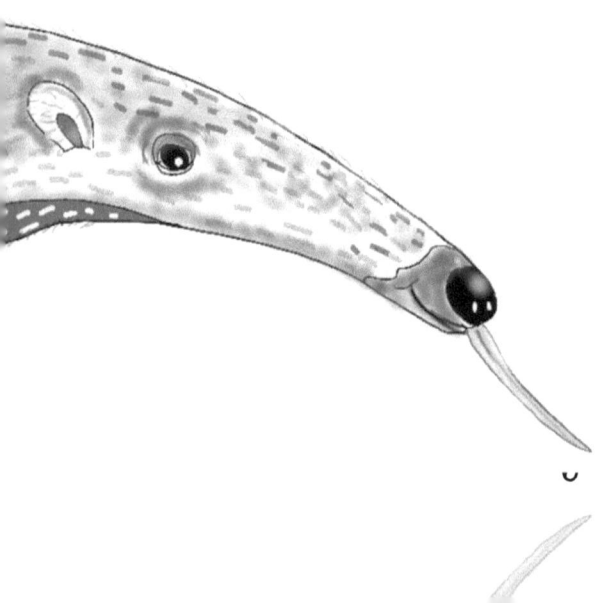

Der Kopf

Der Ameisenbär hat eine sehr lange Nase. Sie sieht fast aus, als hättet ihr einen Staubsauger im Gesicht! Seine Zunge ist superlang und klebrig. Sie kann so lang werden wie ein Springseil.

Der Körper

Der Ameisenbär ist so groß wie ein großer Hund. Er hat ein weiches, zotteliges Fell. Es ist graubraun wie ein von einem alten Teddybären. Auf seiner Brust hat er ein cooles schwarzes Muster, wie ein Superhelden-Kostüm!

Die Beine und Pfoten

Seine Vorderbeine sind stark wie die von einem Bodybuilder. An den Pfoten hat er riesige

Krallen. Sie sehen aus wie Bananen! Mit diesen Krallen kann er mühelos Ameisenhügel aufbrechen.

Der Schwanz

Sein Schwanz ist buschig und lang. Er sieht aus wie ein großer Staubwedel. Der Ameisenbär benutzt ihn wie eine Decke, wenn er schläft.

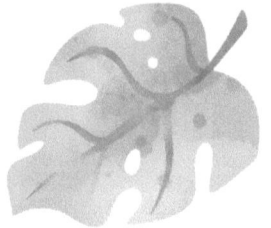

Die Augen und Ohren

Seine Augen und Ohren sind klein. Sie verstecken sich fast in seinem zotteligen Fell. Deshalb sieht er nicht so gut. Das macht ihm nichts aus, denn seine Nase führt ihn zu leckeren Ameisen! Der

Ameisenbär kann wirklich supergut riechen. Er kann sogar Ameisen riechen, die weit weg sind.

Er ist ein unglaubliches Tier und sieht aus, als hätte jemand verschiedene Tiere zusammengeklebt. Aber genau so ist er perfekt für sein Leben im Wald!

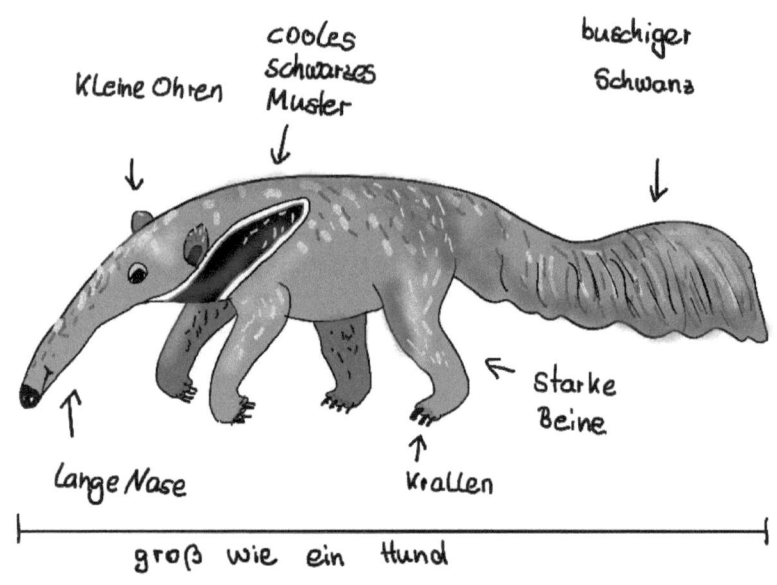

Kleine Ohren

cooles
schwarzes
Muster

buschiger
Schwanz

Lange Nase

Krallen

Starke
Beine

groß wie ein Hund

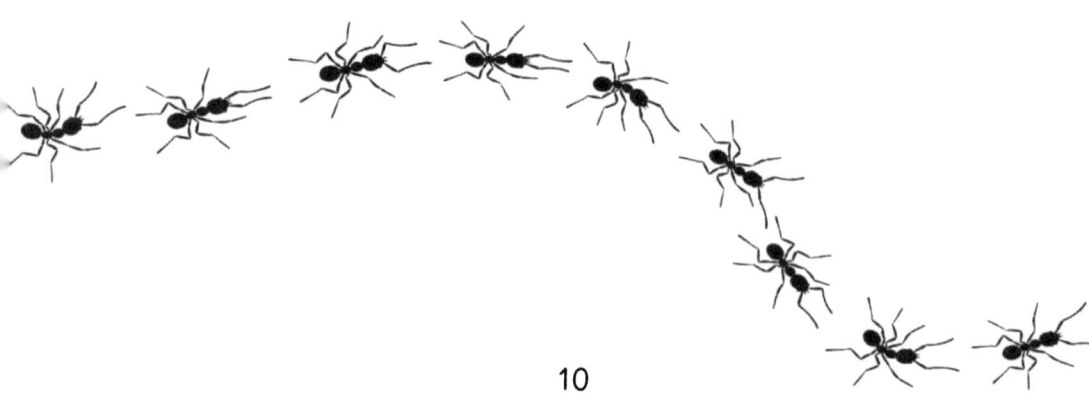

Welche unterschiedlichen Arten gibt es?

Hallo Forscher! Lasst uns gemeinsam die spannende Welt der Ameisenbären erkunden. Es gibt **vier** verschiedene Arten von Ameisenbären:

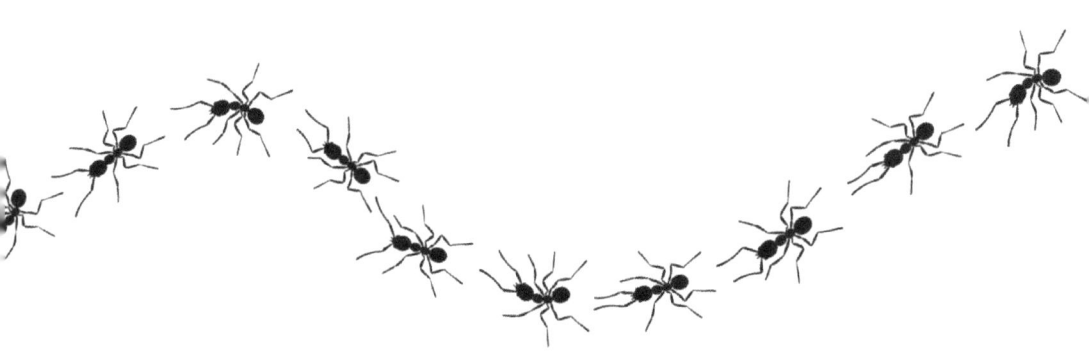

Der Große Ameisenbär

Er ist so groß wie ein großer Hund.

Hat eine lange Nase wie ein Rüssel und eine klebrige Zunge. Der große Ameisenbär lebt in Südamerika. Dort gibt es viele Wälder und Grasland-
schaften.

Der Nördliche Tamandua

Er ist kleiner als der Große Ameisenbär, etwa so groß wie ein Waschbär. Der nördliche Tamandua hat ein gelbes Fell mit einem schwarzen "Weste". Er wohnt in den Wäldern von Mexiko bis Südamerika.

Der Südliche Tamandua

Er sieht fast genauso aus wie der Nördliche.

Dieser Tamandua lebt aber weiter südlich in Süd-

amerika. Dort gibt es viele Regenwälder. Der süd-

liche Tamandua kann deshalb gut auf Bäumen

klettern und am Boden laufen.

Der Seidenameisenbär

Der kleine Seidenameisenbär ist ein echter Super-held des Waldes! Er ist der kleinste Ameisenbär und nicht größer als eine Katze.

- Wenn es gefährlich wird, macht er etwas ganz Besonderes: Er steht kerzengerade auf seinen Hinterbeinen, wie ein kleiner Tänzer. Seine scharfen Krallen sind dabei wie sein Schutz-schild.

- In den **Kapokbäumen** ist er ein Meister der Verwandlung! Sein kuscheliges Fell sieht ge-nauso aus wie die weichen, flauschigen Samen-kapseln der Bäume. So kann ihn niemand ent-decken - wie ein **unsichtbarer Waldgeist!**

- Dieser kleine Waldbewohner ist ein echter Ei-genbrötler. Er wandert am liebsten ganz allein durch die Baumkronen, wie ein einsamer Ent-decker auf Abenteuerreise.

- Zweimal im Jahr gibt es eine besondere Über-
raschung: Ein winziges Baby-Ameisenbärchen
kommt zur Welt.

Die Wissenschaftler haben gerade erst herausge-
funden, dass es nicht nur einen, sondern gleich
sieben verschiedene Arten dieser geheimnisvollen
Waldakrobaten gibt! Sie sind wie sieben verschiedene Geschwister, die noch darauf warten, entdeckt zu werden.

Die 4 Ameisenbär-Arten
leben in Südamerika

der Seidenameisenbär

der Nördliche Tamandua

der Südliche Tamandua

der Große Ameisenbär

Lebensraum

Hallo Forscher! Lasst uns jetzt herausfinden, wo der Ameisenbär sein Zuhause hat.

Wo lebt der Ameisenbär?

Der Ameisenbär wohnt in Südamerika. Das ist ein Kontinent auf der anderen Seite der Erde. Um dort hinzukommen, müsst ihr mit einem Flugzeug über den großen Ozean fliegen.

Wie sieht es dort aus?

Im Grasland:

Hier gibt es viel hohes Gras. Es sieht aus wie ein riesiger, grüner Teppich.

Im Regenwald:

Hier stehen viele Bäume ganz dicht beieinander. Es regnet oft und ist sehr feucht.

In trockenen Wäldern:

Hier gibt es weniger Bäume und es ist nicht so nass.

In Sumpfgebieten:

Hier ist der Boden ganz matschig und es gibt viele Pfützen.

Was braucht der Ameisenbär?

Der Ameisenbär mag es, wenn er viel Platz zum Herumwandern hat.

Er braucht Bäume, um sich auszuruhen. In den offenen Flächen zwischen den Bäumen kann er nach Essen suchen. Der Ameisenbär ist ein cleveres Tier. Er kann an vielen verschiedenen Orten leben.

Ernährung:

Hallo Forscher! Wisst ihr, was der Ameisenbär am liebsten isst? Lasst es uns herausfinden!

Der Ameisenbär liebt Ameisen und Termiten. Das ist seine Lieblingsspeise.

Ein großer Hunger

An einem Tag kann ein Ameisenbär bis zu 35.000 Ameisen und Termiten fressen. Das sind fast so viele wie ihr nachts Sterne am Himmel sehen könnt.

So viel frisst der Ameisenbär!

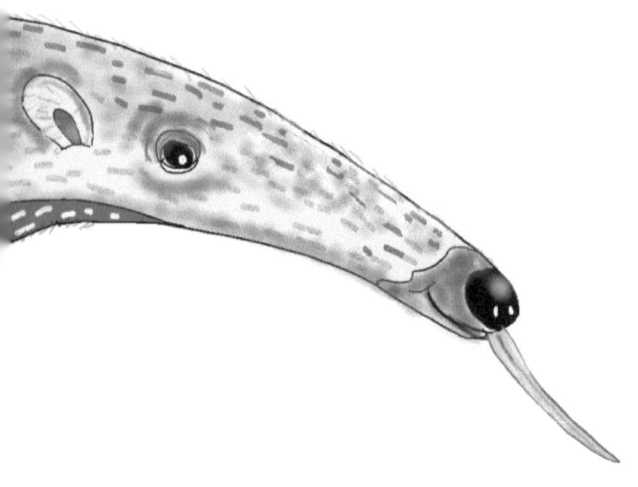

Wie findet er sein Essen?

Der Ameisenbär hat eine Nase wie ein Superheld.

Sie ist sein bestes Werkzeug: Sie ist so gut wie 40

Nasen von uns!

Er kann Ameisen riechen, auch wenn sie sich gut

verstecken. Er schnüffelt am Boden wie ein De-

tektiv auf der Suche nach Spuren.

Schnüffel-Spaziergang:

✿✿ Der Ameisenbär geht spazieren und schnüffelt am Boden.

✿✿ Es sieht aus, als würde er den Boden mit seiner Nase staubsaugen.

Ameisenhügel-Suche

✿✿ Er sucht nach kleinen Hügeln im Boden.

✿✿ Diese Hügel sind die Häuser von Ameisen und Termiten.

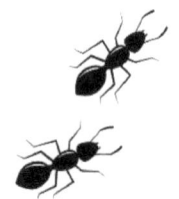

Krallen-Arbeit

- 🐾 Wenn er einen Hügel findet, benutzt er seine Bananenkrallen.
- 🐾 Er kratzt vorsichtig am Hügel, um ihn zu öffnen.

Ohren spitzen

- 🐾 Der Ameisenbär hört auch genau hin.
- 🐾 Er kann die kleinen Ameisen in ihrem Haus krabbeln hören!

So findet der Ameisenbär sein Essen. Er benutzt seine Nase, Ohren und Krallen wie ein schlauer Detektiv. Ist das nicht cool?

So geht Ameisen fangen:

🐾 Mit seinen Bananenkrallen macht er ein Loch in den Ameisenhügel.

🐾 Dann steckt er seine lange Zunge hinein. Sie ist wie eine Angelschnur!

🐾 Die Ameisen kleben an der Zunge fest wie an einem Klebstoff.

🐾 Schwups! Die Zunge flitzt zurück in den Mund und die Ameisen sind gefressen.

Ameisen und Termiten - was ist der Unterschied?

Ameisen und Termiten sind kleine Krabbeltiere, aber sie sind verschieden:

Ameisen sind wie kleine Soldaten. Sie haben einen Kopf, eine Taille und einen Po.

Termiten sehen mehr wie kleine Würmchen aus. Sie haben keinen schmalen Taillenbereich.

Beide leben in großen Gruppen und bauen Häuser aus Erde.

Der Ameisenbär findet beide Superlecker!

Durstlöscher – Was trinkt er?

Ameisenbären trinken Wasser aus kleinen Bächen oder Pfützen.

Sie lecken auch gerne Wassertropfen von Blättern, wie ihr Tautropfen vom Gras lecken würdet.

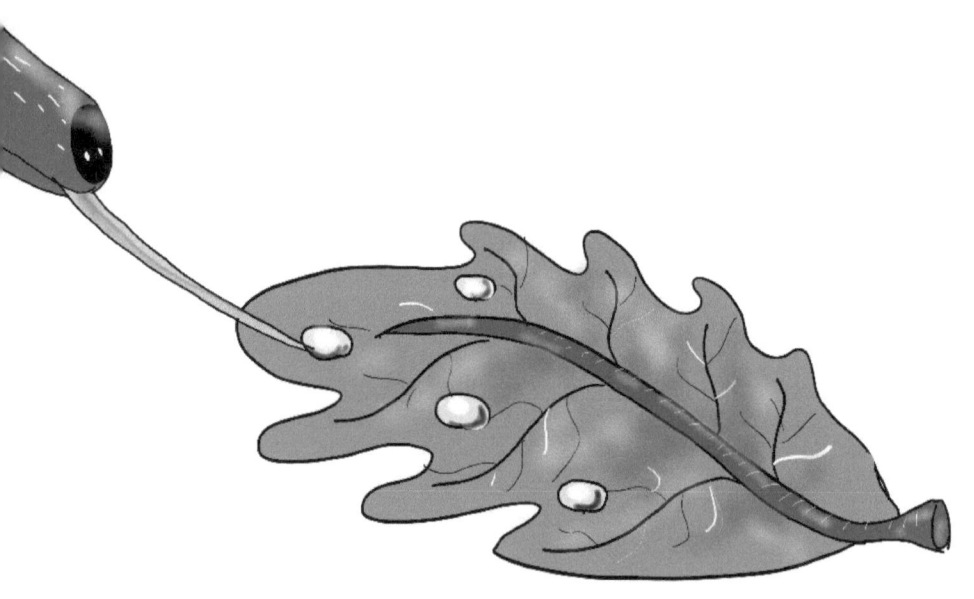

Lebensweise und Verhalten

Sein Tagesablauf:

Hallo Forscher! Lasst uns über den Tag des Amei-

senbären sprechen.

Lustige Zauberzunge

Seine Zunge ist wie Zauberei:

Sie ist so lang wie dein Arm.

Sie ist klebrig wie Kaugummi.

Sie bewegt sich schnell wie ein Blitz.

Morgens:

Der Ameisenbär wacht auf, wenn die Sonne auf-
geht. Das ist ungefähr so, wie wenn ihr morgens
zur Schule geht.

 ## Vormittags:

Jetzt geht der Ameisenbär auf Futtersuche. Er
schnüffelt mit seiner langen Nase nach Ameisen
und Termiten. Das ist sein Frühstück!

☀ Mittags:

Wenn es heiß wird, macht der Ameisenbär eine Pause. Er ruht sich im Schatten eines Baumes aus. Das ist wie eine Mittagspause für ihn.

 Nachmittags:

Am Nachmittag geht er wieder auf Futtersuche. Er benutzt seine lange Zunge, um Ameisen zu fangen. Das ist wie ein Nachmittagssnack für ihn.

☀ Abends:

Wenn die Sonne untergeht, sucht der Ameisenbär einen sicheren Platz zum Schlafen. Er rollt sich zusammen und benutzt seinen buschigen Schwanz als Decke.

☾ Nachts:

In der Nacht schläft der Ameisenbär tief und fest. Er träumt vielleicht von leckeren Ameisen!

So sieht ein Tag im Leben eines Ameisenbären aus. Er ist tagsüber aktiv, genau wie ihr!

Teamfähigkeit

Hallo, liebe Forscher! Lasst uns darüber sprechen, wie Ameisenbären mit anderen umgehen.

Allein unterwegs

Ameisenbären sind Einzelgänger. Sie mögen es, allein durch die Gegend zu streifen. Das ist so, als würdet ihr gerne allein im Garten spielen.

Treffen mit anderen

Manchmal treffen Ameisenbären andere Ameisenbären. Sie reden nicht miteinander, so wie wir es tun. Sie schnuppern aneinander, wie Hunde, um sich kennenzulernen.

Mama und Baby

Ameisenbären-Mamas kümmern sich ganz toll um ihre Babys.

Das Baby reitet auf Mamas Rücken wie auf einem Pferd. Es bleibt bei der Mama, bis es groß genug ist, allein klarzukommen.

Spielen

Junge Ameisenbären spielen manchmal miteinander.

Sie raufen und jagen sich, so wie ihr mit euren Freunden.

Zuhause

Jeder Ameisenbär hat sein eigenes Gebiet. Er markiert es mit seinem Geruch, damit andere Bescheid wissen.

Ameisenbären sind meistens allein unterwegs. Manchmal treffen sie sich, genauso, wie wenn euch Freunde zum Toben besuchen!

Neue Babys

Hallo Forscher! Lasst uns darüber sprechen, wie kleine Ameisenbären auf die Welt kommen.

Mama und Papa treffen sich

Manchmal treffen sich ein Ameisenbären-Papa und eine Ameisenbären-Mama.

Sie bleiben nur kurz zusammen, wie für ein kleines Picknick.

Baby wächst

In Mamas Bauch wächst dann ein kleines Ameisenbären-Baby.

Es braucht ungefähr ein halbes Jahr, bis es bereit ist, um auf die Welt zu kommen.

Das Baby kommt zur Welt

Meist bekommt eine Mama nur ein Baby.

Das Baby ist bei der Geburt so groß wie ein Kätzchen.

Die Mama kümmert sich

Die Mama passt sehr gut auf ihr Baby auf.

Das Baby trinkt Milch von der Mama, genau wie menschliche Babys.

Baby-Rucksack

Das Baby klettert auf Mamas Rücken.

Es sieht aus, als hätte die Mama einen lebendigen Rucksack!

So reist das Baby mit, bis es groß genug ist, allein loszuziehen.

Nach etwa zwei Jahren ist der Baby-Ameisenbär
groß genug.

Jetzt kann er allein auf Entdeckungsreise gehen.

So kommen kleine Ameisenbären zur Welt und
wachsen auf. Ist das nicht spannend?

Seine Bedeutung für die Natur

Hallo, kleine Naturforscher! Lasst uns entdecken, wie wichtig der Ameisenbär für die Natur ist. Er hat einen tollen Job in seinem Wald-Zuhause!

Ameisen-Aufpasser

- Der Ameisenbär ist wie ein Polizist für Ameisen.

- Er sorgt dafür, dass es nicht zu viele Ameisen gibt.

- So bleiben die Ameisen-Familien gesund und stark.

Gärtner des Waldes

- Wenn der Ameisenbär Ameisenhügel aufmacht, lockert er die Erde auf.
- Das ist, wie wenn ihr im Garten buddelt.
- Pflanzen können dann besser wachsen.

Samen-Verteiler

- Manchmal frisst der Ameisenbär Früchte.
- Die Samen kommen mit seinem Kaka wieder raus.
- So wachsen neue Pflanzen an anderen Orten.

Termitenbau-Umbauer

- Wenn der Ameisenbär Termitenhügel aufmacht, entstehen neue Räume.

- Andere kleine Tiere können dort einziehen.

- Es ist wie ein Umbau in einem Puppenhaus.

Der Ameisenbär ist also ein echter Helfer in seinem Wald. Er sorgt dafür, dass alles im Gleichgewicht bleibt.

Wie ein Superheld der Natur!

Flauschiger Schwanz
Sein Schwanz ist lang und flauschig. Er sieht aus wie ein großer Malerpinsel. Nachts benutzt der Ameisenbär seinen Schwanz als Kuscheldecke.

Was ist gefährlich für sein Zuhause?

Hallo, liebe Forscher! Lasst uns darüber sprechen, was dem Ameisenbären Sorgen macht. Er braucht unsere Hilfe!

Wenn Menschen zu viele Bäume fällen und Straßen in den Regenwald bauen, wird der Lebensraum des Ameisenbären immer kleiner. Auch Feuer in seinem Wald ist für ihn und alle anderen Tiere eine große Gefahr.

Deshalb braucht der Ameisenbär unsere Hilfe, damit sein Zuhause geschützt bleibt!

Wald-Verschwinden

- Menschen fällen viele Bäume.

- Der Ameisenbär verliert sein Zuhause.

- Es ist, als würde euer Haus plötzlich ver-

  schwinden.

Gefährliche Straßen

- Neue Straßen werden gebaut.

- Ameisenbären können von Autos angefahren werden.

- Es ist wie ein gefährlicher Weg zur Schule.

Feuer im Wald

- Manchmal gibt es große Feuer im Wald.

- Ameisenbären können nicht schnell genug weglaufen.

- Es ist, als würde euer Zimmer plötzlich brennen.

Jäger

- Manche Menschen jagen Ameisenbären.

- Sie wollen ihr Fell oder ihr Fleisch.

- Das ist, als würde jemand eure Haustiere weg-
  nehmen.

Nicht genug Futter

- Wenn der Wald verschwindet, verschwinden
  auch die Ameisen.

- Der Ameisenbär findet nicht genug zu essen.

- Es ist wie ein leerer Kühlschrank zu Hause.

Wie können wir helfen?

- Wir müssen die Wälder schützen.

- Wir können anderen von den Ameisenbären erzählen.

- Wir können Spenden für Tierschutzgesellschaften (z.B. Welttierschutzgesellschaft) sammeln

- Wir können Müll vermeiden und recyceln

- Wir können nachhaltige Produkte kaufen

Gemeinsam können wir dafür sorgen, dass der Ameisenbär ein sicheres Zuhause hat.

Der Ameisenbär braucht unsere Hilfe, um sicher und glücklich leben zu können. Lasst uns zusammen Ameisenbären-Beschützer sein!

Spannende Fakten

Wusstest du schon?

- Ameisenbären haben keine Zähne! Sie benutzen ihre klebrige Zunge, um Ameisen zu fangen.

- Ein Ameisenbär kann bis zu 35.000 Ameisen und Termiten an einem Tag fressen. Das sind so viele wie Sterne am Himmel!

- Die Zunge eines Ameisenbären kann bis zu 60 cm lang werden. Das ist so lang wie dein Arm!

- Ameisenbären können ihre Zunge bis zu 150-mal pro Minute rein- und rausstrecken. Das ist schneller, als du blinzeln kannst!

- Der Geruchssinn eines Ameisenbären ist 40-mal besser als unserer. Sie können Ameisen riechen, auch wenn sie sich gut verstecken.

- Ameisenbären haben die niedrigste Körpertemperatur aller Säugetiere. Sie sind echte Kühlschränke auf Beinen!

- Ein Ameisenbären-Baby reitet auf dem Rücken seiner Mutter. Es sieht aus wie ein lebendiger Rucksack!

Buntes Fell

Der Ameisenbär hat ein tolles Muster auf seinem Fell. Es ist schwarz und weiß, wie das Trikot eines Fußballspielers!

Wo kann ich einen Ameisenbären be-suchen?

Hallo, kleine Entdecker! Wollt ihr einen echten Ameisenbären sehen? Das ist superspannend! In Deutschland gibt es viele tolle Zoos, wo ihr Ameisenbären besuchen könnt. Hier sind ein paar Orte, wo ihr diese lustigen Tiere finden könnt:

- Zoo Berlin: Hier leben Ameisenbären in der Hauptstadt.
- Zoo Frankfurt: Da gibt es sogar einen Baby-Ameisenbär!
- Zoo Köln. Hier gibt es ebenfalls mehrere Ameisenbären.

- Zoo Dortmund: Das ist wie die Hauptstadt der Ameisenbären. Hier wohnen viele von ihnen.
- Tierpark Hellabrunn in München: Auch hier könnt ihr Ameisenbären bestaunen.
- Zoo Leipzig: Hier gibt es auch einen kleinen Ameisenbären zu sehen.
- Zoo Magdeburg: Hier wurde vor kurzem ein Baby-Ameisenbär geboren.
- Allwetterzoo Münster: Hier könnt ihr eine Ameisenbären-Familie beobachten.

Wenn ihr in einen dieser Zoos geht, müsst ihr vielleicht ein bisschen Geduld haben. Manchmal verstecken sich die Ameisenbären gerne. Aber wenn ihr Glück habt, seht ihr vielleicht sogar, wie sie mit ihrer langen Zunge nach Futter suchen! Denkt daran: Ameisenbären sind besondere Tiere. In freier Natur gibt es nicht mehr so viele von ihnen. Deshalb passen die Zoos gut auf sie auf. Also, packt eure Eltern ein und ab in den Zoo! Viel Spaß beim Ameisenbä-ren-Gucken!

Lustige Supernase

Der Ameisenbär hat eine superlange Nase.

Sie sieht aus wie ein Strohhalm! Stellt euch

vor, ihr könntet damit Saft trinken.

Seine Nase ist wie ein Superheldengerät!

Lustige Geschichten:

Franky der Ameisenbär

Franky ist ein besonderer Ameisenbär. Er wurde mit einer viel zu kurzen Zunge geboren und kann keine Ameisen fangen. Seine Geschwister machten sich über ihn lustig. Er möchte lieber allein sein. Traurig klettert Franky auf einen hohen Baum. Dort entdeckt er, dass er weit sehen kann. Er sieht in der Ferne viele neue Ameisenhügel. Als er wieder runter klettert, erzählt er von seiner Entdeckung.

Alle freuen sich und loben ihn. Franky ist jetzt berühmt unter den Ameisenbären. Er hat zwar eine kurze Zunge, findet aber jeden Ameisenhügel.

Der vergessliche Ameisenbär

Ein hungriger Ameisenbär hatte völlig vergessen, was Ameisenbären eigentlich essen. Er fragte viele Tiere, aber keiner wusste es genau. Das Faultier war zu müde, der Tukan riet zu Wassermelonen und das Krokodil bot ihm alten, stinkigen Fisch an. Schließlich traf er auf Ameisen, die sofort wegrannten und sich versteckten, als sie ihn sahen. Da fiel es dem Ameisenbären wieder ein: "Ich weiß, was Ameisenbären essen - Bananen!" Die Ameisen waren erleichtert und der vergessliche Ameisenbär aß glücklich seine Bananen.

Elises klebrige Zunge

Ich bin Elise. Ein Ameisenbär. Heute bin ich sehr hungrig. Da sehe ich einen großen Termitenhügel ganz in meiner Nähe. „Lecker!" Schnell laufe ich hin. Erst grabe ich mit meinen scharfen Krallen ein Loch in den Hügel. Dann stecke ich meine lange Zunge hinein. Oh, nein! Meine Zunge bleibt auf einmal stecken. Ich ziehe und ziehe, aber sie kommt nicht raus. „Hilfe!", rufe ich laut. Meine Freunde hören mich und kommen:

Tuki, der Tukan, Fabi, das Faultier und Lili, die Eidechse.

Tuki pickt am Hügel. Fabi zieht an meinem Schwanz. Lili kitzelt die Termiten. Plötzlich – plopp! Meine Zunge ist wieder frei! Wir alle lachen. "Danke, liebe Freunde", sage ich. Jetzt weiß ich: Zusammen können wir alles schaffen! Das feiern wir gemeinsam mit einem Picknick und ich

esse vorsichtig meine leckeren Termiten.

Rätselfragen:

1. Ich bin lang und klebrig. Der Ameisenbär benutzt mich, um Ameisen zu fangen. Was bin ich?

   Antwort: Die Zunge

2. Ich bin der Lieblingssnack des Ameisenbären. Ich lebe in großen Haufen und bin sehr klein. Was bin ich?

   Antwort: Ameisen (oder Termiten)

3. Der Ameisenbär benutzt mich wie eine Decke. Ich bin lang und buschig. Was bin ich?

   Antwort: Der Schwanz

4. Ich bin wie Bananen an den Pfoten des Ameisenbären. Mit mir kann er Ameisen-hügel aufbrechen. Was bin ich?

Antwort: Die Krallen

5. Ich bin das Zuhause des Ameisenbären. Ich habe viele Bäume und Gras. Was bin ich?

Antwort: Der Wald (oder die Savanne)

6. Der Ameisenbär trägt mich auf seinem Rü-cken. Ich bin klein und kuschelig. Was bin ich?

Antwort: Das Ameisenbären-Baby

7. Ich bin sehr gut beim Ameisenbären. Mit mir kann er Ameisen von weit weg riechen. Was bin ich?

Antwort: die Nase

8. Der Ameisenbär kommt aus diesem Teil der Welt. Es ist warm und hat viele Regenwälder. Wo ist das?

Antwort: Südamerika

Ausmalbilder

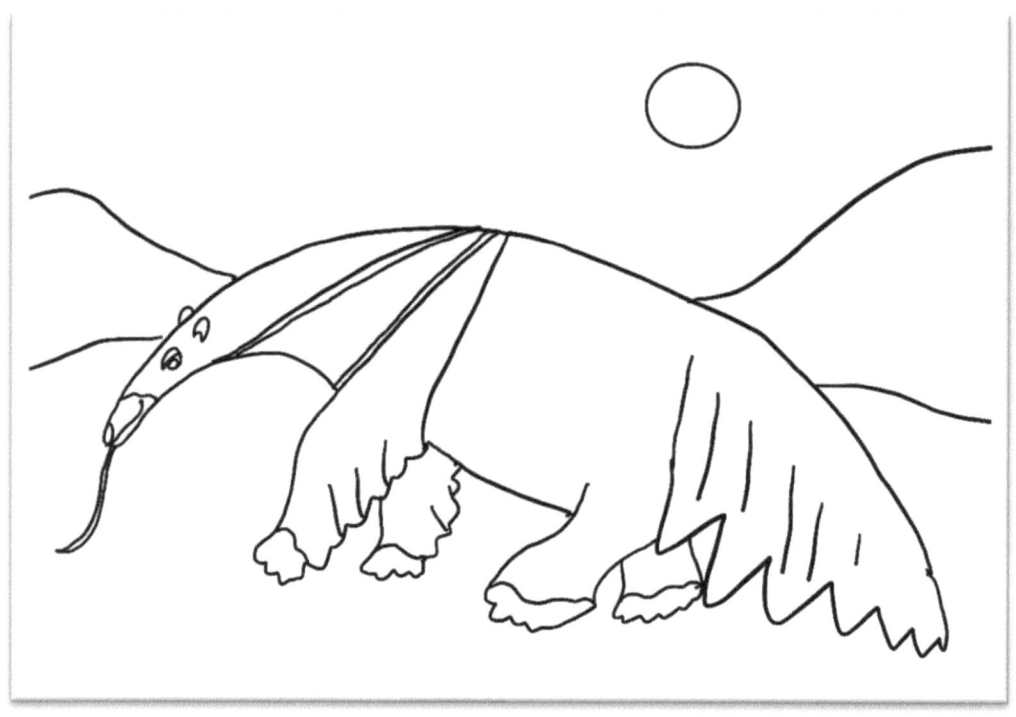

Bereits erschienen:

Ariana Erdmann besucht die Dino Welt: Die Dinos brauchen Hilfe

ASIN : B0D9TQML79

Ariana Erdmann und der Weihnachtsmann:

Der magische Geschenkesack

ISBN-10 **3759263216**

Ariana Erdmann und der Zauberjunge: Doppelband:
Der verlorene Zauberstab und die verzauberten
Tiere

ISBN-10 **3759240852**

Erdmännchen Freundebuch - Alle Meine Kindergarten Freunde: Freundschaft Ist Das Wichtigste (Ariana Erdmann)

ASIN : B0DLWSTFRF

Ariana Erdmann besucht die Dino Welt DOPPEL-BAND: 2 Bände: Die Suche nach dem Eier Dieb und Das verschwundenen Dino Baby (Dino Welt Doppeband)

ISBN-10 **3759254802**

Der geheimnisvolle Tunnelgräber:

Ein neues Tier im Zoo (Ariana Erdmann)

ASIN : B0DRVQK3GR

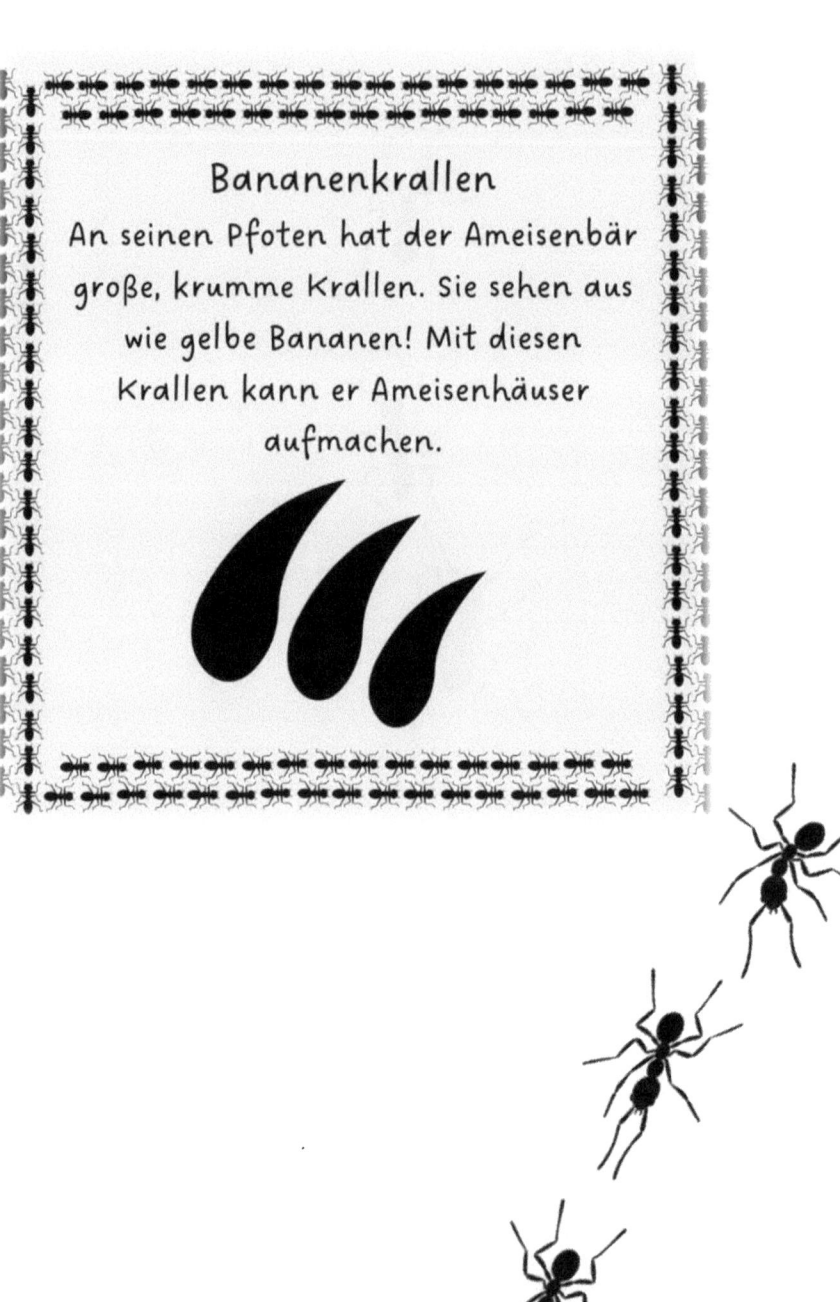

Bananenkrallen

An seinen Pfoten hat der Ameisenbär
große, krumme Krallen. Sie sehen aus
wie gelbe Bananen! Mit diesen
Krallen kann er Ameisenhäuser
aufmachen.

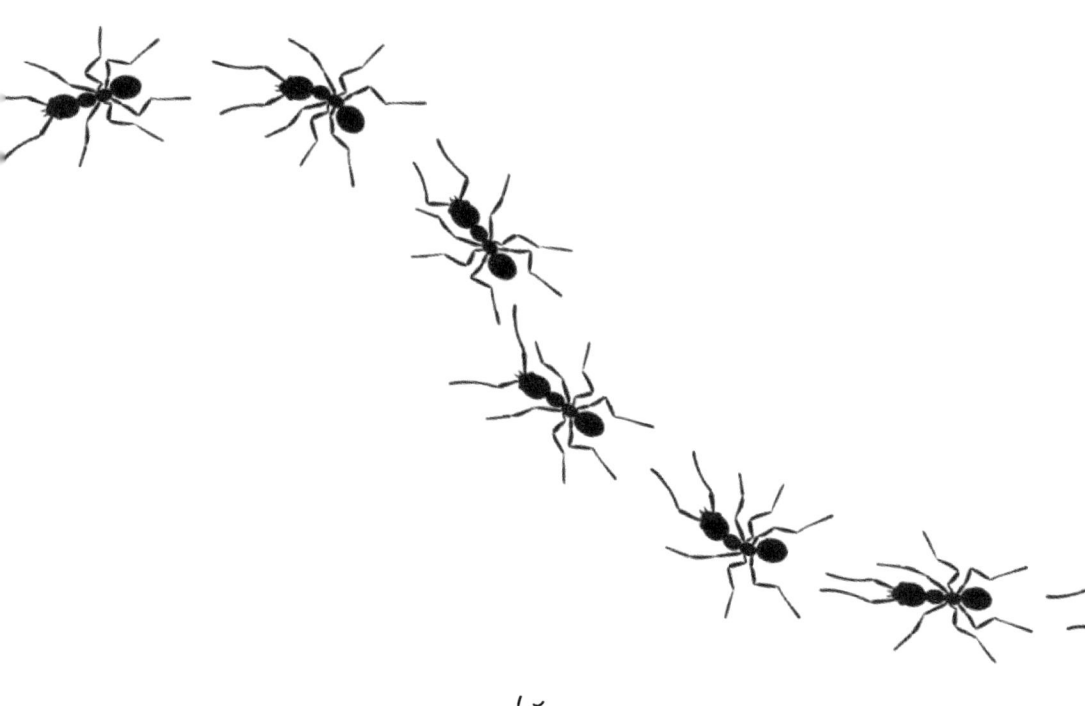

Tschüss!